Sombras Blancas

Jorge Luis Diaz Granados Lugo

Tanto sacrificio para terminar
igual; a veces cansa.

CONTENIDO

Prólogo

Sombras Blancas - ¿Qué quiere decir?, resulta extraño escuchar la particularidad de dicho título, no. Quizás hasta confunde. Es muy fácil dejarse llevar por la imaginación en estos días, todo parece sombrío, simple y hueco. Como si ahora no sucediese nada especial, como si tal vez la vida haya perdido algo muy importante.

Mi nombre es Jorge Luis y este es mi primer libro. Donde he depositado cada lágrima de una existencia nula en forma de versos, palabras… que para muchos ahora no signifiquen nada. Y quizás para otros algo. Espero les sea de su gusto y agrado.

Desdén

He acompañado las sombras durante mucho tiempo. He escuchado el silencio en su hablar, he crecido junto a la oscuridad perdido en lo profundo, he muerto una vez más ignorado de un existir, he perdido los sueños - y ahora la vida. Mi nombre es Oz, soy el menor de tres hermanos y decepcionado de serlo, hijo noble de reyes; heredero al trono, aferrado y abducido por la esencia Oz.

Despierta, despierta, frío de la noche que desvela, despierta noble abducido - despierta, despierta, despierta, una vez más ¡*despierta*¡ - mira hacia la ventana y observa su trágica descendencia, llaman a la puerta, joven Oz, joven Oz ¿ya ha despertado? - pregunta Etreum encargada de cuidar al joven Oz. Si, ya he despertado señorita Etreum dice Oz tenuemente al saber que le espera todo lo contrario, piensa que nunca ha debido despertarse, que ha debido descansar para siempre. Joven Oz abra la puerta dúchese y vístase sus padres lo esperan para desayunar - menciona Etreum antes de retirarse.

El joven Oz cumple inmediatamente, se ducha y se viste, mirad en el espejo lo que nunca podrás ser dice Oz resignado. Sale de su alcoba y marcha lentamente hacia el comedor acompañado de Etreum, ella le ve y pregunta ¿estás preocupado joven Oz? - sí... no deberías estarlo, pero dime porque lo estas - puedes confiar en mí. Está bien, señorita Etreun; solo quiero que mis padres me escuchen, aunque fuera una vez, solo quiero un abrazo sincero y un porqué, si es lo que tanto deseas coméntalo con tus padres seguro entenderán, ahora ve a desayunar Obireh Oz.

Oz llega en sí al comedor - solo ha de cruzar entre la verdad para ver la cruda realidad, extiende su brazo para abrir la puerta; y se detiene. Queda paralizado, perdido, inmóvil, frente al frío y desamor que sus padres le propinan. Él se pregunta - ¿Por qué he de seguir? - sinceramente responde... porque son mis padres, abre la puerta y entra al comedor.

Observa lujuriosas bebidas ante la inmensa satisfacción de los manjares presentes en la mesa, buenos día padre, buenos día madre, dice Oz al tomar asiento. Buenos días hijo por qué has tardado tanto menciona Dulcinea castilla de la Oz, madre del joven Oz, tu padre y yo te hemos estado esperando, tu ausencia es indignante, de que ha servido la enseñanza si veo que no has aprendido. Estoy de acuerdo con tu madre, menciona el rey Federic Siruizt Oz, padre del joven Oz, comandante y guerrero de las tropas del norte, luchador ejemplar ante la decaída y regeneración de la esencia Oz.

Qué vergüenza me has dado nuevamente hijo, estoy decepcionado hasta el alma, creí en ti y en tu palabra al aceptar tu destino, el joven Oz tira la comida y menciona llorando y gritando - *¡No es mi destino, no lo ven! ¡Nunca lo ha sido!* - cómo te atreves a levantarme la voz, como te atreves a contestarme dice el padre Oz ofendido, no decaigas en tus sueños y emociones hijo, no decaigas en el amor, ahora como buen hijo que eres, discúlpate. El joven Oz al no ser escuchado una vez más, solo dice, esta vez no me disculpare padre - *¿Cómo?* - no renunciare a mis sueños y emociones, no seguiré esta dicha descendencia; que a calla lo que ustedes nunca me han dado, amor... los padres de Oz se sorprenden y callan al ver tan fría verdad, el inmediatamente se retira y marcha lentamente con su tristeza y silencio hacia su destino.

El joven Oz al retirarse del comedor se dirigió hacia su alcoba; cierra la puerta y sienta sobre su cama - mirando la ventana, mirando los muros... y llora, y llora, llora nuevamente. Y como él dice, solo he de soñar. Se duerme y descansa. Sueña como nuca había soñado, lejos de todo... acompañado de sus padres sonriendo y gritando de felicidad, observando el ocaso del sur.

Y en un momento de su sueño logra oír la misma voz, una y otra vez, una y otra vez diciéndole al oído, despierta, despierta, frío de la noche que desvela, despierta noble abducido... despierta, despierta, despierta, una vez más ¡*despierta*¡ - el joven Oz abre los ojos al instante mira hacia la ventana y llaman a la puerta. Joven Oz, joven Oz - ¿Ya ha despertado? - sí, ya he despertado señorita Etreum, joven Oz abra la puerta dúchese y vístase sus padres lo esperan para desayunar, menciona Etreum antes de retirarse. El joven Oz como de costumbre acata las ordenes se ducha y se viste, se mira en el espejo y solo dice, mirad en el espejo lo que nunca podrás ser, sale de su alcoba y marcha lentamente hacia el comedor.

En esa trayectoria, en ese lapso de tiempo, el joven Oz presintió que algo no andaba bien, Etreum le ve y le pregunta ¿Estas preocupado joven Oz? - sí, no deberías estarlo, pero dime porque lo estas puedes confiar en mi... la verdad señorita Etreum tengo una extraña sensación de que este día me es familiar, si es lo que tanto deseas coméntalo con tus padres seguro entenderán, ahora ve a desayunar Obireh Oz.

Pero el joven Oz se da cuenta que el oír de esas palabras tiende de su preocupación, ya las había escuchado... se detiene y queda inmóvil, el frío lo abraza hasta cegarlo de miedo. Y una y otra vez - y una y otra vez, logra oír la misma voz, da la vuelta y Etreum ya no estaba... solo escucha la voz diciéndole al oído, despierta, despierta, abre la puerta entra al comedor corre desesperado gritando madre, padre donde están. Pero de ello en el comedor, solo esta su presencia. Y una y otra vez - y una y otra vez, logra oír la misma voz, diciéndole al oído... Despierta, despierta, frío de la noche que desvela, despierta noble abducido... despierta, despierta, despierta, una vez más - !*despierta*¡ - El joven Oz despierta de un largo sueño, de una pesadilla, respira agitado y sudado, algo lo inquieta. Ve por la ventana, el día nubloso y oscuro llorando gotas, lágrimas de anochecer. Se levanta de su cama, camina hacia la puerta, la abre y sale de su alcoba - mira alrededor - algo lo inquieta. Respira profundo y anda hacia el comedor ubicado en el octavo piso de la mansión, al sur donde alguna vez existió el amor de su familia. En su trayectoria el joven Oz fue visto por el mayordomo, las sirvientas, el cocinero, los guardias, el sastre, que guiados por su intuición dijeron, algo lo inquieta........y en el octavo piso el joven Oz fue visto por última vez, mirando en la terraza el abismo, el sur, donde alguna vez fue amado, donde encontraron su cuerpo tendido en el campo, donde el frío de la noche despierta en silencio, donde una palabra lo resume todo - suicidio.

Poemas

En tu corazón III
2007

A media noche, el pensamiento es una agonía,
pierde sus sentidos en un naufragio silencioso,
altera su realidad; en una visión abstracta, (*sin
sentido*), donde la nada es un llanto precavido...
Y la inspiración algo deforme.

Triste es pensar; que ahora el amor se
adentra a lo incierto, escapa como una
de una locura indecisa, bella - vaga e
ilógica.

Deja entre ver el frío y la soledad, como
pequeñas imágenes que reavivan gratos
recuerdos, pero que poco a poco
desgarran el alma, hasta dejarla
hueca (*vacía, y estío*).

Hoy ha anochecido, y por más
que vuelva a fingir tu regreso.

Nunca lo harás.

Dulces labios

24-4-2007

Me has abierto tu corazón,
me has otorgado el perdón.
Me has perfumado con tu
esencia, me has sanado
Con tus labios.

Amada - la luz que hay en ti,
es un don que me regenera.
Me envía hacia el cielo; al
espacio, al infinito... Pero
quiero ir contigo. Sentir
las nubes, tu suave cuerpo,
tus Dulces labios.

Acariciar tu rostro frágil, abrazarte
y verte feliz. Verte dichosa de ser
tu aire, de ser tu calor, Tu anhelo,
tu suspiro... Y tu único Amor.

Luna

2008

Oh - hermosa luna, observándote desde
lejos como iluminas, como destellas en mí;
sueños que sean desvanecido, sueños que
se escuchan a lo lejos como un gran eco.
Sueños que se han perdido y suspirado,
simplemente adiós…

Oh - hermoso cielo, dime porque he estado
perdido, dime si en cada anochecer muero
en vida lentamente agonizando. Dime si
aún corre por mis venas la melancolía,
tú que hieres mis penas solo esperas
ser mi sangre, mi ser.

Pero que poco a poco - lo has
Ido logrando... con lo que
queda y lo que antes.

Era mi amor.

Lágrimas eternas
2008

No podré ser el más honesto,
   quizás no sea el hombre que has buscado,
   o que aun buscas, pero seré el indicado.

   Seré el que te aclame como una diosa,
   de la vida, del amor. De los sueños.

   Seré el que te acaricie en todas las noches,
     seré el que acompañe en las horas solitarias…
     Y aunque el tiempo sea corto - hallaré,
     buscaré la equilibración del pasado y
     el futuro, en donde simplemente,
     estés tú.

En algún lugar

2008

Podríamos imaginar - un río recorrer…
atravesar bosques y senderos que han
esperado de una agonía, una esperanza.
Pero que han estado ahí - inertes,
marchitas. En algún lugar. Donde
quizás existió el amor.

Pueden observarse bastas montañas a
lo lejos. Puede sentirse la brisa acariciar
ahora la nada - puede observarse el cielo
como un manto fino en donde danzas...
puede que los recuerdos ahora marchen;
hacia lo incierto.

Qué triste es fingir, e imaginar
un mundo opuesto amada mía,
qué triste es.

Alma
21-5-2007

Un ángel el de su belleza, sus
ojos de tristeza, su voz calmante,
sus labios tiernos y suaves. Su ser
amigable, su dolor incurable.

Es la descripción del alma de la mujer, son
risas de cristal, las observas sin un mal.
Son sueños invocados por el bien,
es el aroma del perfume de su piel.
Es su belleza que cubre su ser;
iluminada con sus labios de miel,
esencia divina que enamora y
envenena.

Demencia

2008

Ciegamente - espero decaer. Ver mi última
parada, ver mi vida ante mis ojos, ver mi
única salida; ver… tan solo una respuesta,
ver mi muerte.

Estando ahí; ocurrirá tan rápido. Que no sabré
si es un hecho - si una locura o dicha demencia.
Pero será tan lento... que cada instante de mi
Ida, será un mal recuerdo, un final. Será aquel
vacío, aquel abismo, aquel eco, será... la nada.

Y estando aun paso del final, entenderé – que
siempre lo he sabido, siempre ha estado ahí.
En medio del silencio, aferrado, agobiado...
pero solo así será - suicidarse.

Sable

29-3-2009

Camino oscuro y latente,
¿Por qué amargas mi andar?
Atormentas en un sentido
ambiguo; estos versos.

Los apartas en un espacio infinito,
inalcanzable para no olvidar. Como
el filo de un puñal me hieres;
sin vacilaciones.

Decaigo al instante lentamente;
herido por un sable. Agonizando
este riego rojo, conformado por
mi sangre.

Solo muero tendido en este basto
camino. Sin rumbo, ni partida al
cual llegar. Solo imagino pronto
tu regreso, solo divago.

Brisa de Otoño

10-04-2009

Oh - brisa de otoño. Marchito como las
hojas secas de un árbol. Tiendo de las ramas
como fronda (*oruga*) al ser acariciado.
Duermo nada más, en este abrazo
aferrado, en este arribo del tiempo;
melancólico y mundano.

Aun espero descender libre arrastrado
por el viento. Como hojas cayendo de
un árbol, como lágrimas de sufrimiento.
Vuelo libre por la vida; como ave en
el cielo. Observando lejanías....
surcando ideales, herido por
dentro.

Esta calma silenciosa es el paso de
los años. Es la estancia y recorrido;
(*el*) final que me ha agobiado.

Muero nada más decaído y
marchitado, perdido en lo
oscuro; de este amor
demacrado.

Alma de Cristal

11-04-2009

En este frío denso y silencioso…
mi vida se acorta cada vez más.

Estos cuatro muros de concreto me apartan
   como ave enjaulada, esperando ser libre para
   volar. El eco de la habitación agudiza mis
   sentidos…Y solo observo las sombras a
   mi alrededor como fieras hambrientas;
   esperando asechar a su presa, esperando
   el momento para atacar.

   Escucho sin cesar ese callar tímido
   y silencioso - fúnebre... me aparta
   de la realidad; solo dice nada,
   nada más. Nada, Nada más.

   Mi voz queda atrapada en este tiempo
   y espacio, solo ando en busca de reír
   a mis fracasos. Solo escribo poesías
   ante este abismo de la nada. Solo
   muero en mis versos - palabra
   por palabra.

¿ Escúchame, por qué no me hablas ?

¿ Yo ? - Ni siquiera sé quién eres.

Cuando morir

12-06-2009

A través de una ventana; veo un cielo
deprimido. Veo nadar las nubes en ella,
en ese manto azul y frágil, en esa sábana
blanca. Que me cubre (*a cuna*) en las
noches; como un abrazo tierno.

Veo aves, agitar sus alas libremente.
Galopan surcando los cielos sin un
lugar a donde ir. Solo recorren
lentamente los mares, solo
divagan.

Caen del cielo tristes, caen
rápidamente una tras una.
Como lágrimas, como
gotas.

Y es en ese instante; (*donde*) cuando
el sol se oculta entre las montañas.
Cuando llega el anochecer
decadente, cierro los ojos
y me pregunto.

¿ Cuándo Morir ?

Cuanto te amo

3-07-2009

Amor; como poder olvidar tus caricias y tus
dulces besos. Como poder escapar de ese
abrazo mágico de noches en velo. Como
no perderme en tu voz, en esa melodía,
en esos versos, en esas palabras
cariñosas; que ahora se aferran
a mi corazón.

Como no llorar los bellos recuerdos.
Las tardes de ocaso y un azul cielo,
como decirlo, como callarlo. Pero
ante todas las verdades. He
resistido gritarle al viento,
cuanto te amo.

El poeta

25-07-2009

Bella reina, en este día, en este dulce amanecer.
He de recitarle una poesía, unos versos; a su
majestad. La poesía se titula - "Usurpada"

Cuenta; que allá donde nacen los recuerdos,
donde sale el sol entre las montañas. Existió
un hombre; a quien lo llamaban; El poeta.

Dicen las leyendas, que este hombre a
callado toda su vida. Ha callado ante la
muerte, incluso ante el amor… Dicen;
que este noble caballero; ha estado
esperando durante una eternidad.
Ha estado esperando por siglos,
por años. Dicen que este fiel
guerrero ha luchado con su
locura, con sus miedos.

Ha cabalgado toda su vida por
estas bastas y perdidas tierras.
Ha recorrido los lugares más
inhóspitos, ha navegado por
los siete mares.

Y que ahora - en un acto de suicidio...
El mismo poeta, el mismo caballero,
le recita unos versos; a su futura,
amada.

La leyenda (*El poeta II*)

1-09-2009

En algún lugar muy lejano, donde existió un reino
más allá de las montañas. Nació un fiel guerrero;
en medio de bosques, valles y ríos...

Cuenta la leyenda - que año tras año, siglo
por siglo; este noble caballero fue creciendo
con audacia y humildad. Fue criado como un
aprendiz de inspiración, y adiestrado como
alumno ejemplar.

Dicen, que este noble abducido; ha marchado
por las silenciosas tierras, recorriendo
perdidamente toda una vida, toda
una existencia.

Dicen, que ha sido bendecido por los
dioses, que ha estado a la merced y a
la deriva, que ha despertado de un
velo profundo…de una realidad.

Cuentan las escrituras - que se ha dado
a conocer como un guerrero, como un
caballero, como una leyenda…

Como El Poeta.

El desenlace (*El poeta III*)
6-09-2009

Mi dulce amada - en esta noche, fría y
oscura, he de inspirarme y recitarle
unos versos; una vez más.

Cuenta la leyenda; que allá en donde
existen praderas perdidas. Donde
emerge el sol entre las montañas.
Donde existió un reino muy
lejano… Ya nace la tumba;
de un fiel guerrero.

Dicen las escrituras, que este noble caballero
descansa entre las puertas del cielo. Que su
alma aun mendiga ante los Ojos de la
muerte, que aun divaga; por la
oscuridad.

Dicen, que este misterioso hombre fue sepultado
ante los ojos de los dioses. Que fue proclamado
como una leyenda, como un caballero, como
un héroe. Muchos dicen que ha despertado
de un largo sueño. Que se ha desvanecido
entre los recuerdos. Que ha muerto – una
vez más...

Dicen - que así acaba su historia, que así
termina una Leyenda. Que así, un
silencioso desenlace... Decae
del cielo.

Un abrazo

2008

Tal sueño, aún vive en mi…
lo recuerdo, lo padezco.

Es un llamado, es el pasado, es el ayer...
Que después de tanto tiempo; ahora es
más confuso.

Tal sueño; ahora es agonía…
es dolor puro, es la muerte.

Es aquella causa perdida, es su aliento
agotado… es el eco adormecido
proclamando una inocencia,
una verdad.

Y verla ahí tendida, frágil y fría... muriendo
de una causa. Muriendo en medio de sus
sueños, muriendo ante su vida,
ante dios.

Deja en su camino lo perdido,
deja atrás su silencio; su mirar.
Ocultando dicha verdad, dicha
causa que la ha consumido
hasta matarla.

Su sonrisa logra escucharse
a lo lejos, logra oírse la
dulzura de su voz.

Se siente feliz... salta de un
lugar a otro - ¡ Claro ! -
olvide que solo es
una niña.

Se detiene y me dice...

¿Por qué estas triste?
¿Por qué lloras?

Yo sin saber que decir
  Solo dije ¿Aun no lo sé?

Me dice que no debería de estarlo
  Que no quiere verme así. Se me
    acerca; y me da un abrazo. Al
    instante me pregunta ¿Cuándo
    volverás a visitarme?

  Yo respondí - muy pronto,
  hermana… muy pronto.

En Memoria de mi
hermana Sandra.

Solo para morir
2008

Amor, he caído tan bajo… que a lo
profundo. Solo puedo escuchar mi
eco adolorido. Solo puedo respirar
el aire ardiente. Solo me calcina de
dolor, solo me pudro, me muero…

Y por más que puedo no he
Podido olvidar; no he
podido vivir.

Amor, he decaído a la profunda oscuridad.
He vivido solo para morir, y mi vida solo
es un pedazo de ternura acurrucado entre
un abrazo, lastimado por quienes amo,
por quienes quiero.

Y qué más da; si llego a morir, qué más da…
Solo sé que aquella sonrisa tendida en la
luna caerá. Caerá rápidamente que no
sabré si he muerto;
si aún vivo.

Una dulce mirada
19-11-2009 / 25-11-2009

A media noche, cuando la oscuridad se
ha adentrado a mis versos, cuando he
visto aquella luna tendida en el cielo.
Cuando he escrito una estrofa en
una pared. Me he preguntado; de
qué han servido los sueños.

Ya; no he sabido qué es más deprimente...
Si es estar tirado en una oscura habitación,
si he de esperar que el oleaje del mar; borre
mis huellas en la arena. Si he estar tendido
en un vacío, fingiendo vivir... Si es
observar a la lluvia; a través de
una ventana.

Pero cuando veo pasar la vida ante mis
ojos, solo puedo decir en esta inhibida
inspiración; unas palabras. Que ni el
mismo olvido, ni el mismo silencio,
mi la vida misma, podrá entender.

Te amo.

Una triste melodía
15-12-2009

He levantado este frágil lápiz,
para poder describir esta ilusa vida.
Aun no encuentro una palabra exacta,
que me diga que son las heridas.

Solitario - apartado y herido,
frente a un muro hecho de concreto.
Trato de escribir una (*simple*) frase,
que nazca de este sufrimiento.

Como cualquier hoja arrastrada en el aire,
como una lágrima que ha sido llorada.
El cielo pareciese tan triste; que ya no
me inspira nada.

Tenue hoja que ha decaído, sobre
mis manos para poderla sentir. Cual
modo es una rosa marchita; cual
labios - que suelen fingir.

Con el corazón Destrozado

27-12-2009

Al caer el medio día, suelo estar sentado en
un tronco de madera a la orilla del mar.
Suelo observar a lo lejos en aquellas
nubes; como deletrear una frágil
palabra Como tratar de levantar
está perdida mirada... como
morir; simplemente.

Pero he olvidado, que aquella brisa ha borrado
lentamente mis huellas en la arena. He
olvidado que se las ha llevado en el
aire. Se las ha llevado a lo lejos;
hacia el mar, hacia aquel mar
que humedece suavemente
mis manos al tocarlas.

Y es ahí… es ahí donde tanta inspiración
no ha servido de nada. Es ahí donde han
sobrado las ideas, onde he podido;
gritarle al viento.

Tanta es la verdad… que ya no he sabido que
es más deprimente, ya no lo he sabido.

Si es simplemente empuñar con el brazo derecho
un revolver de una bala - Y apretar el gatillo. O
simplemente; cargar un frágil lápiz y un
cuaderno roto.

Con el corazón destrozado.

**Después de todo, al fin y al cabo…
seremos desconocidos.**

Ave ancestral

Querida ave de mis sueños,
en esta noche, quisiera
recorrer las estrellas.

Volar contigo el arco iris... como un
astronauta hacia un planeta. Quisiera
cabalgar como un caballero, con un
corazón de oro, y alma de guerrero.
Quisiera un abrazo de mis padres,
uno que nunca termine, un te
quiero de mamá. De ese
corazón humilde.

Un final de una historia,
que me leen... antes de
dormirme.

El llanto de los Dioses

25-01-2010

Al llegar los primeros aromas del roció, pierdo la costumbre en mi aposento; tratando de observar aquellas aves tendidas en un árbol. Las escucho a través de una ventana - entonando una humilde melodía que ha alcanzado oír mis frustrados oídos, es la misma melodía que encierra mis pensamientos. Cuando el sol se oculta y emerge en aquellas montañas; como si fuese un juego de niños.

Han pasado ya los días, en que en aquellas bastas praderas un caudal se hiciera presente en mi imaginación. En donde las flores que se han ido decayendo ya marchitas - forman una especie de camino; que conlleva a las deprimentes lejanías del horizonte. Conllevan a la más profunda miseria, que vientos errados promueven la causa ideal. He aquí un mundo tan imperfecto a través de las lágrimas, he aquí... el llanto de los dioses.

Entre dos Bestias

10-02-2010

Aun; siguen pasando los años, los días…
Y no he vuelto a escuchar en lo frágil del
viento; tu dulce sonrisa. No he podido
olvidar aquellos labios ardientes; que
podrían llevarme hasta lo alto del
cielo. No he podido olvidar
simplemente, no he podido
olvidar.

Dirijo este escrito - a la inusual mujer que me
ha arrebatado el corazón. Su nombre; Rose…
Cuyo principio de este icónico nombre, fue
la unión de dos almas enamoradas. Fue el
encuentro inoportuno de dos seres que
desconocían el misterio del amor. Fue
la llama humedecida; que fundía poco
a poco sus Placeres. Fue el inicio y
desenlace de una breve historia.

Fue el amor prohibido…
entre dos bestias.

En el canto de las aves

12-02-2010

A través de las rosas y el recuerdo,
poso perdido en esta frágil vida.
Escuchando en el cantar de las aves,
la voz que me calma y me guía.

El errante viento insensato,
acaricia cada una de mis heridas.
Las reposa en lo oculto de un páramo,
donde allí me espera tu alegría.

Han pasado ya las horas, y no he
podido explicar; si fuese lo que
alcanza a sufrir mi alma en estos
versos; deliberadamente

Oh - saciable cielo. Que en hermosos
claveles de amanecer. He enmendado
esta poesía, a la más hermosa
mujer.

Verano
22-02-2010

Bella la noche que rocía los escritos,
donde se oculta una gran inspiración.
Porque en la pluma nacen los versos,
y las lágrimas del corazón.

Dulce firmamento que otorga
un cielo frágilmente estrellado.
Donde la luna acaricia las horas
cuando tristemente llega el verano.

Simples claveles recorren
bastas montañas emancipadas.
El viento las lleva frágil e inertes;
al ver que pronto serán olvidadas.

Blancas las rosas que yacen y emergen,
de un mágico río como si fuesen hadas.
Escuchad ahora de este ilógico escrito,
palabras que pronto; mueren y callan.

Lágrimas

15-04-2010

Ha amanecido desde hace pocas horas, y aun puede sentirse en esta sorda mañana la fría tristeza. Aquí es donde deleito las inocentes flores cubiertas de alegría. Aquí es donde silenciosamente observo las aves anidar; en lo mágico y lo profundo - de una pequeña vereda.

Hoy ha amanecido, y los fríos aires de la madrugada han acariciado cada una de las rosas que te he estado guardando. Ellas pareciesen sensibles y rígidas, se han tornado marchitas esta mañana; que sus inertes pétalos sean esparcidos por toda la oscura habitación.

Algunas siguen bellas y tímidas anhelando tu llegada… Algunas siguen allí esperándote; en lo sobrio de los
recuerdos.

Algunas siguen oprimiendo mi corazón
con toda la amargura y agonía.
Algunas simplemente...
vuelven a la vida.

Escucha mi ausencia,
siente mis versos…

El aroma de los versos

24-04-2010

Amanece desde hace pocas horas, y tus
manos me cubren para despertarme.
Son tus besos tiernos la humilde rosa,
que acaricia suavemente como el aire.

Hoy las aves pareciesen felices, que
posan tímidas cerca tu ventana.
Ellas confiesan que ahora les pides
Un bello canto para esta mañana.

Feliz el que siente tu amable ternura,
incapaz de expresar traiciones ni celos.
En tus ojos dulces yo veo la vida, y la
esperanza misma que brota en los cielos.

Bellos los días que ahora a tu lado,
siguen y siguen marcando la vida.
Eres la estrella que mese mis sueños,
eres la rosa que siempre nos cuida.

Dulces tus labios de noble pureza,
que siempre sonríen para enseñarnos.
Ahora ya rota la vida se queda, mientras
tu alma se va con los años.

Madre mía aun no te marches, tus
sabias palabras ahora me guían.
Hoy en el cielo lloran los ángeles.
y ahora las rosas parecen marchitas.

Al irse tu alma queda este hijo, temblando
en silencio con hondo dolor. Mientras la
calma se marcha contigo, aun aguardas
entre mi amor.

Dedicatoria para el día de
las madres.

Un triste amanecer

29-07-2010

En la mágica dulzura de las rosas,
ha de ocultarse el más tímido recuerdo.
Es aquella lágrima que desciende del alba,
acariciando la cúspide del cielo.

Tristes las penas de esta agonía,
y dulces las flores que sacian el velo.
Ahora los sueños ya mueren en vida,
al ser olvidados como recuerdos.

Oscura la noche que siempre ilumina,
y sigue, y sigue acariciando un verso.
Hoy os traigo una rosa marchita,
y un poema perdido en el viento.

De una oscuridad sobria y perdida,
Por un amor tan puro y eterno.
Adiós para siempre amada querida,
tus bellos labios bendicen lo nuestro.

Sombras del verano

26-08-2010

Es solo una pequeña parte de una vida,
aquellas estrellas tendidas en el firmamento.
Es en ese mundo donde he perdido la esperanza,
y he temido ser olvidado como un verso.

Por esta causa; me he adentrado en la agonía,
y ahora sé cómo se siente estar entre la nada.
Es el mismo frío; que me cubre y que me hiere,
es la misma muerte que ahora me acompaña.

Que entonen las aves una tierna
alegría; y que emerja del cielo
una bella flor.

Que os traigo en mis palabras
una triste poesía; y un profundo
sufrimiento en el corazón.

Una dulce tristeza
1-10-2010

Hoy, he vertido lágrimas de
tristeza. Y aun suelo recorrer
en estos años irónicos.

Aquí es donde mendigo en medio
de la agonía. Aquí es donde finjo
encontrar innumerables
significados.

Aquí es donde muero eternamente
olvidado como un verso. Aquí es
donde suelo, esperar (*Fingir*).

¿Pero que tanto he escrito hasta ahora...?
¿Qué tanto me he expresado ante la nada?
¿Que tanto le he juzgado indeleblemente a la vida?
¿Qué tanto, me ha costado vivir...?

Estío

10-11-2010

Caen lágrimas una vez más,
despertando atrapadas y
ciegas ante la dicha. Caen
una tras una ignoradas
ante lo profundo.

Esperan ser retenidas como un manto,
como un sueño…se les ve perdidas en
un lecho ilógico. Se les ve naufragar a
lo profundo de la nada. Se les ve
sensibles en un mar de ilusiones.
Se les ve marchando…
para siempre.

Dejarse ir; a veces es
la mejor opción.

Lluvia de rosas
15-11-2010 / 5-12-2010

Ahora; que nos encontramos en el
final de un bello día. Ahora que
podemos levantar la mirada para
saber que hay más allá del tan
lejano cielo. Ahora que en
aquellas aulas quedaran
para siempre bellas
alegrías.

Puedo decirle al viento...que
lloren las almas - que lloren
los sueños.

Podrán llover estrellas en la primavera,
podrán las aves entonar una dulce melodía.
Podrá escucharse el himno del Liceo
enmudecer de lágrimas la vida.

Podrán sus flores sonreír en este lecho,
y aguardar en el bello manto de la nada.
Que vayan sonando las campanas en el cielo,
porque es así como uno marcha.

Qué triste es el frío que embarga mi pecho,
y ahoga mis sueños en débiles lágrimas.
Mi simple pluma (ha) a callado en silencio,
brotando sus penas en tristes palabras.

Oscura la noche que llega marchita,
desgarrando recuerdos que pronto se marchan.
Nos quedara la inocencia perdida, de un
tiempo lejano que ahora nos marca.

Adiós para siempre al eterno Liceo,
que extiende sus alas una vez más.
Adiós para siempre... mis grandes amigos...
Ha llegado la hora; de dejarnos marchar.

Poesía de graduación / Liceo Celedón

Un fúnebre adiós

20-08-2011

He decidido escribir el 16 de marzo. Y aun mi cansado corazón no deja de llorar por aquella sonrisa perdida en el viento. Sé que faltase mucho para que anochezca, y aun mi triste alma no deja de buscar tus humildes caricias y tu jovial piel; como un recuerdo en el exilio. Aun mi alma no deja de extrañarte, aun mi alma no deja de pensar en las altas horas de la noche, aun mi alma... no deja de morir. - Nunca hubiese pensado que la muerte acariciaría mi vida. Nunca lo hubiese creído, pero es así... de esta manera, que debo decir para siempre - adiós.

Anegado destino

27-10-2011

Ahora; que aún existen lágrimas de sufrimientos.
 Puedo decirle a la irónica vida,
  que brote de versos aquellos males.
   Puedo decirle que ha llegado la ajena tristeza
    como un dolor perdido y melancólico.
     Puedo decirle que aun buscas
      desgarrar el alma tantas veces.
       Hasta la muerte misma... Que
        esta forma parte de aquellos
         sueños que te llevas.

    Oh - mi amada, oh - mi amiga
     Dejas en mi un dolor tan hueco,
      una huella imborrable, un aroma
       perdido… Llevas contigo la
        impaciencia. De dejarme
         este nudo en la garganta.
          De dejar a estas lágrimas
           en un eterno celo. De
            dejar a este hombre
             Destrozadamente
              acabado.

     ! Solo dilo ¡
       Y que el viento te escuche
        para simplemente decir...
         Adiós.

Pasado

4-04-2012

Hoy la lluvia no parece cesar, ya pesar de
todo se escuchase la nada en medio de
ella.

Quizás desesperado escribo palabras sin sentido…
Quizás solo sean profundas imaginaciones…
Quizás solo sean - una realidad…

¿Cuánto más podré deletrear el cielo?
¿Cuánto más podré dormir entre tus manos?
¿Cuánto más podré bajarte las estrellas?
¿Cuánto más...?

Solo ando perdido en este eterno exilio,
acabado, oriundo. Esperando a caer…
Solo esperando a decaer en un
abismo sin fondo, en una
interminable locura.

Que vive el pasado,
 y sufre el presente.

Poemas II

A la mar

11-01-2013

No es momento de inspirarse ahora, no
sabiendo que las cosas han cambiado.
Nada dura para siempre - ni incluso
mi lamentable vida.

Los días seguirán… y así como la nada;
pasará el tiempo. Todo seguirá su curso;
como es debido, todo será olvidado;
porque así lo queremos. Así lo
deseamos; así lo sufrimos.

Bien o mal hubiera pensado en mentirme,
Engañarme. Ahora me he dejado llevar
como un navío por los siete mares;
mendigando a la deriva. Ahora solo
marcho a la merced del viento.
Queriendo zarpar en tierras fértiles,
pero sabiendo que de ellas; solo
obtendré dolor y agonía
sepultadas por la arena.

Hoy el viento se sintiese tan frágil, tan tenue, qué
pensaría que esta vida me ha dejado atrás. Pero
se ha alejado tanto; que solo puedo observarla
marchar en la lejanía, como un ave perdida en
el horizonte.

Se ha alejado tanto. Que entre
sus aguas hostiles y profundas,
naufrago lentamente como un
velero mercantil (*Bergantín*).

Llevándose consigo sus
ideas, su olvido…
y su recuerdo.

Señora de nadie

14-02-2013

Estimada señorita de nadie.

Envió el siguiente mensaje con el fin de preguntar, ¿Cómo hace una persona para retirarse de la vida? Como hace una persona señalada, herida, burlada, para olvidar que alguna vez; fue alguien, fue algo… No cuesta nada deshacerse de alguien verdad, simplemente lo utilizamos para bienes ajenos y luego es arrojado al suelo como una envoltura.

En estos casi dos años, supe que al final estos días llegarían, que hay más allá cuando la vida muestra la verdad que uno mismo niega a creerlo o a negarlo, que hay más allá cuando en la lejanía se observasen las penas diluir el amargo de una sentencia, que es lo que hay más allá… no lo sé, pero olvidaba, que a la mayoría simplemente le importa un carajo. Solo mírese ahí, sentada... en un cubículo tenue como todos de su alrededor realizando lo suyo, sus labores entre comillas, y no basta negar que pudo haber sido alguien diferente, alguien mejor, porque es mentira......... y todos lo sabemos, nunca es suficiente.

Por ello, quiero decir que esta será la última vez, que usted logrará saber algo de mí, usted no será nada para mí: ni yo para usted. Toda mi vida he soportado muchas burlas incluso de su persona. Toda mi vida he cometido errores de toda índole... de toda causa. Pero estar enamorado, de alguien quien no me puede amar, ha sido lo peor......... solo gracias por nada, por lo de ahora y lo de siempre.

Al no ser amado

30-03-2013

Cuanto ha pasado desde la última vez, que en esos pocos días de pasiva soledad pude sonreírle sin perderme entre sus ojos. Cuanto ha sido, que quizás la nada enmudezca de odio este ardo sentimiento, este inentendible dolor.... que vela y desgarra las horas tímidamente en profunda serenidad, en profunda tranquilidad, caos y sufrimientos. Que ahora la muerte se llevase consigo mi alma - con eterno - desprecio.

Adiós podré decirte con estas simples palabras, y en otras vidas; volveré a escuchar tus besos como un canto dulce en medio de agonías, volveré... a escuchar aquella voz... a lo lejos, en esas noches - en que agobiado, moribundo… pretenderé........ morir simplemente como un hombre, como cualquier hombre que está dispuesto a morir - al no ser amado.

Borrón de tinta

23-06-2013

Qué podría escuchar del viento,
esquirlas de un todo acabado.
Quizás las cosas no son lo parecen,
y mucho menos que hayan terminado.

Palabras que con el viento marchan,
tiñendo en grises con sopor la realidad,
estía la pureza, en celo (velo-dolor) adormecido
labios que ciernan; silencio y frialdad.

No hay manera de decir lo contrario,
lustrando mil senderos (de) en una
angustiosa pesadilla.

Aun las cosas no se podrían corregir,
entre paginas rotas, y un borrón de
Tinta.

En otra vida
24-06-2013

A veces, cuando el silencio y la muerte desgarran el alma con un simple gemido. Pienso que la soledad no es tan sobria como todos dicen. A veces siento que ella nos calma en la más fría y angustiosa tormenta. A veces - es ella quien nos hace grata compañía como una madre acudiendo a su hijo, a veces - es como el tiempo que galopa lentamente marchando hacia el olvido. Hacia la nada; hiriendo de penas mis lágrimas, tantas veces. Que esta irónica vida pareciese un mal chiste, o una bendita pesadilla.

Qué triste ha sido este pasado, marchando inagotablemente sobre estas palabras que quizás sobren en esta estía noche. Pero sé que podré oír de la oscura melancolía, un dulce te quiero, un simple te amo. Aunque solo sea en mi imaginación, aunque solo sea en otra vida... aunque solo sea por dolor.   - Quizás solo sea alguien desconocido, una palabra que se ha ido frágil con el viento, una lágrima que ha esperado ¡descansar!, una errónea idea con un (perdido) simple sentido.   O quizás todo esto, o quizás todo esto - sea un profundo vacío, que late… y se hace más grande.

Un último gemido (*Respiro*)
26-06-2013

Aun, se puede sentir la
fresca ausencia delirar,
afligir. Llorar tantas
veces; en tu
nombre.

Y marchar como un eco adormecido,
marchar en una especie de velo frágil;
hacia la lejanía… danzando entre
penumbras como recuerdos y
lágrimas de sales. Temiendo a
la sobria realidad que tiñe los
versos… Muriendo - como
un alma ciega, entre un
despertar.

Podrías mirarme ahora amada mía;
    y decir que esto no es sufrimiento, locura.
    Podrías negarme, y silenciar estas noches calladas.
    Podrían pasar las horas, y aun así. Se escucharía
    el silencio - ahogar un suspiro. Aun así,
    se escucharía llegar la nada en pleno estío;
    y arrancar al ras, un simple sentido, una
    vil esperanza, un último (gemido) respiro.

¿Qué es sufrimiento...?
¿Qué es el sufrimiento...?

Nunca lo sabría.

A veces pienso; que tu
amor ya no importa.

1982 - 1990

16-09-2013

Realmente aun lo siento…
No podría mirarte a los ojos - pero ¿cómo
hacerlo? - Si cuando se hace el mal, siempre
se hiere, y mucho más a alguien; que uno
quiere y tiene afecto.

Algunas veces se equivoca,
y esta - es, o fue-; una de esas veces.
Por concernir lo hecho; hecho esta.
Mal; tuvo que ser, y realmente no lo
deseaba, no lo quería. Pero
fue así.

Ahora, no lograría cambiar nada.
Esa herida tardara en sanar - ¡lo sé!
Vi esa expresión en tu indeleble rostro,
como una frustrante e inesperada
decepción… Lo siento.

Podría hacer cualquier cosa para
remediarlo, pero ya está hecho el
daño. Cosa que no quería
hacer – lastimarte…
y lo hice.

Perdón.

Una mañana de agosto
20-09-2013

Una mañana inconcebible de
agosto, no, nos…. la has
quitado.

La has llevado frágilmente de tu mano,
    y cubierto sus ojos de una eterna tranquilidad,
    le has otorgado el descanso eterno, el alivio...
    de marchar de esta irónica vida. De partir a
    lo lejos como un ave perdida en el horizonte.
    Como un Ángel de vuelta a casa, hacia la
    calma, hacia la nada.

Hoy, los días pasan como si nada,
    como si nunca hubiese ocurrido.
    Pero se tornasen tan tristes, tan solitarios,
    que buscamos en medio de lágrimas y este
    profundo dolor, un último recuerdo, un
    última imagen… De un vuelo sin regreso
    duermes… Agitando las campanas.

¿Por qué te la has llevado?
¿Por qué ahora mi señor?

En memoria de mi abuelita querida

Inconcebible existencia

07-10-2013

Solitario. Como alma a la deriva… Adentro en lo más profundo y solo percibo mi inconcebible existencia, solo escucho la soledad de mis versos callar - cuando realmente sé que moriré solo. Quizás la muerte no se tan dolorosa, quizás tan solo sea una inmensa tranquilidad, quizás el final sea un elocuente sentido, o quizás ahora… no signifique nada.

Qué triste es pensar en estos últimos días, y ver como el tiempo arranca de las manos aquello a lo que hemos llamado vida. Ver como la nada deslumbra nuestra alma y la deshace en pedazos, recuerdos - que buscamos en medio de lágrimas un último respiro, un abrazo… ¡Que nos cambie! - ¡Nos dé una nueva perspectiva! - De lo que nunca hemos hecho, de lo que dimos a por mucho, de lo que hemos escuchado, de lo que hemos negado descaradamente, de lo que nunca hemos dicho… Y de lo que ahora simplemente nos parece; algo pasajero.

Lo más doloroso de mi inconcebible existencia…
es saber que moriré solo.

Bajo la piel de las sombras
27-12-2013

En el transcurrido intervalo de tiempo, la experiencia se enmudece tenuemente con la vida - tal vez sea la brisa que arrastra palabras cuando la sentimos. O quizás sea un elocuente sentido, una errónea idea, o un profundo vacío… que late y se hace más grande.

Que… ¿Quién soy?

Quizás en esta vida se alguien desconocido, uno más de tantos, o uno menos que sobra. Pero en ese momento, en ese intervalo en cuanto podemos detener el tiempo - y grabar de una manera eterna... exacta... esta dolorosa vida, este sueño inconcluso, este pasado recuerdo. No importa cuánto tiempo y segundos yacen transcurridos... bajo la piel de las sombras, no importa... Por qué el resultado será es el mismo; morir.

Discernir

09-02-2014

La vida, en ciertas ocasiones tiene cavidad para
entenderla a si sea un poco. Pero a veces... es
tan compleja; que no basta con vivirla.

Muchas cosas, posiblemente de
 mi vida se hallan marchado a lo
 lejos. Y aun en medio de la nada,
 Puede sentirse la brisa, ¡la calma!
 transcurrir frágilmente Hacia un
 lugar a otro, indefinido, inanimado…
 Donde no pueden divisarse y oír las
 palabras; por miedo y soledad.

Aun puedes volver… y quebrantar
 los muros de inocente osadía, de
 nostálgica razón. Cubriendo mi
 pecho embargado de lágrimas y
 penas como oxígeno para vivir.
 Vertiendo mis sueños en un
 laurel, incógnito, marchito.
 Que yace tendido, trémulo
 inerte… Sin alma y despertar.

 Aun podrías volver…
 pero nunca lo hiciste.

De pronto te recuerdo; y mis
memorias se escapan.

Inocente de muerte

19-07-2014

El triste pensar de las cosas; degrada ferozmente el
recuerdo lejano que marcha entre líneas y un último
suspiro, devasta el alma en mil pedazos que solo
queda esperar, fingir, morir.

¿Dónde ha quedado, todo aquello que algún día fui?
¿Donde? - Si cada mañana, cada atardecer,
cada anochecer; es un silencio estío,
un aliento perdido, un desaire en
vano.

Todo marcha como es debido,
todo sigue - igual, aparentemente…
Como un reflejo desnudo,
que muestra la vida;
inocente de muerte.

El Dulce de Tus Labios

24-07-2014

Cada amanecer estrépito e inerte,
rocían los días entre nuestras distancias.
Bellos los laureles que ahora sonríen y florecen,
el manto que cubre tu belleza emancipada.

Recorro mil recuerdos últimamente ya olvidados,
y un temible gemido embarga mi pecho.
Como hace falta; el aire de tus labios,
recubriendo mi alma como elixir perfecto.

Noches silenciosas recubriendo
lejanías, penas y delirios que
hieren como la nada.

Deletreo este poema como ahora se
cierne, mi amor entorpecido;
por ti mi amada.

Vacío interminable
28-07-2014

Madre; en estos meses de indefinida ausencia.
He perdido la noción del tiempo, días, minutos
u horas. El transcurrir se hace tan perecedero,
sufrido, ambiguo. Que busco en medio de la
desesperación una última imagen, un recuerdo.

Me he visto en la obligación de imaginar
que vuelvo a casa, que estoy de regreso.
Y en medio del camino; todo se
Oscurece. Todo se nubla, todo
se pierde. Caigo frágilmente
en un vacío... interminable.

En un dolor tan profundo... hueco.
Que solo basta respirar el poco
oxígeno que queda. Solo falta
esperar; el ascenso de la
muerte.

Oh madre mía, cuanto te he
echado de menos. Cuanto te
he extrañado, cuanto te
quiero.

Álgido
01-11-2015

Sin saber; que poder escribir. Busco palabras el cual determinen el inicio de este pobre escrito. Creo hallar fragmentos de un espacio tiempo (indefinido). Y finjo retenerlos, amoldarlos de una manera creíble, determinada... el cual exprese abiertamente; mis penas.

Inmerso - por la incertidumbre dicha que se halla en el desdén, pretendo declamar a puño y letra cientos de versos; sentado y aislado... en solitario. Aquí es donde hay tanta serenidad, tranquilidad - que fríos lejanos provenientes de la nada recubren mi cuerpo, recubren mi alma. Afirman conjeturas, sucesos que quizás ahora embarguen mis memorias. Quizás embargue mis sueños; y los vuelva trozos de arena - que recorren y viajan por el viento... en algún lugar. Ya nada queda más que escribir, sobre tus recuerdos. O el álgido que dejas.

Falsa Ilusión

21-01-2015

Los días transcurren como una blanca primavera,
transcurren en un silencio frío y espeso. Como si
fuese una página sin sucesos a ocurrir. A menudo,
las cosas siguen su curso como es debido. Las
personas vienen y se van... de un lugar a
otro, perdidos allí, inertes, como
maquinas.

Sin quizás poder alterarlo,
sin quizás poder cambiar el orden,
en como terminan, en como iniciaron,
o en como marchasteis. Como si fuese
una prensa sin titulares importantes.
Esta historia - no puede seguir.

He volcado la realidad en una frustrada ilusión,
de volverte a ver, de volver a sonreír. Y sigo
aquí encerrado... "en mi cabeza" - En estas
cuatro paredes "eternamente" - solo con
(tu) mi voz.

Ahora que todo ha acabado; solo
esperamos que cada cual,
elija su camino.

Estruendo

23-01-2015

Poco a poco los días han transcurrido. Y extrañas mañanas llegasen frías con el paso del invierno. Las flores que yacen en el jardín, se tornasen ahora tan rígidas, tan tristes. Que puede sentirse en el aire como pierden su esencia frágilmente, puede sentirse como pierden su aroma... que siguen allí calladas, tímidas... inertes, como si el viento errante proveniente de la nada, golpease mi alma con estruendo silencio.

Aun podrían pasar las horas... escapando, marchando indeleble. Con un aleteo denso, complejo. Que destine con grises y tonos sorbidos, simples, el efímero cielo. Como se ha desvanecido el tiempo, (puff) como...

Armonías

28-01-2015

Pueden observarse las aves marchar a lo lejos,
  Se marchan una tras una; perdiéndose
misteriosamente como estelas de una
estrella fugaz. Como suspiros que
yacen en el aire. Como un último
aliento. Que recorre nuestra
alma.

Cerrar los ojos y dejar que el viento,
la armonía te lleve.
  Volar hacia el cielo, hacia el lejano horizonte,
  como un alma que escapa del universo,
   lejos de todos, del dolor, los recuerdos.
  Como no llorar en su inmensa calma,
  cómo no perderse en su bello placer,
  como... no sentir la paz, la nada y la
  muerte... por un momento (instante).

Inmerso

02-12-2015

Perdido en círculos indeterminados, observo decaer la nada y levantarse frágilmente. Observo como recubre la ironía, que algunas veces la siento reír - inmersa en la desdicha, en el placer... en la agonía. Que basta con saciar su sed con regocijo y deleite, que pareciese sorber el alma en profundo silencio - pareciese disfrutar; haciéndola pedazos.

Cuanto se ha fingido en intentar olvidar, cerrar los ojos y escuchar los versos... fríos e inertes cuando callan, verlos allí olvidados sin sentidos. Quizás las siluetas y sombras de la nada enmudecen el recuerdo, quizás los días redicen ahora mi indeleble desgracia, quizás la noche y su ajena frialdad ahogue mis pesares. Quizás ahora con tu rechazo... me conforme.

Sobria de amor
12-03-2015

Si tal vez la belleza se expresase en un diluvio del viento, el tiempo se detendría para observar la inmensa resonancia de la vida. La pureza de su aire, la inocencia de su ser. Veladas como partículas recubriendo lo mítico, (lo infinito) - la nada irradia armonía, sosiego. Desbordando los sentidos; ahora en un simple misterio, en una percepción desnuda; que afligen los temores y embarga nuestros miedos. Pronto cesaran las ideas diluidas por el viento, pronto marcharan surcando el recuerdo mínimo; que yace hueco e/ estío, teñirán los tonos en grises como un lienzo abstracto y carente de inspiración. Olvidaran; que aun la memoria recorre el pasado; sobria de amor.

Sombras Blancas

20-04-2015

Pareciese; que el tiempo en estos días,
marchase sin marchar. Cuesta creer;
que nos pese tanto seguir, andar.
Las horas vienen y van,
aminorando el fatídico
descenso.

Atenuando, las sombras blancas;
que desvelan y enmudecen; la
innata verdad - como pasivos
recuerdos.

Los días; se tornasen ahora algo
pasajeros, nocivos. Como si el
tiempo recorriese una marcha
inacabada, finita... Diluyendo
entre lágrimas; e intervalos,
imágenes desnudas,
fotogramas, que uno
tras uno, segundo
por segundo,
reproducen o
ponen en
marcha...
esta irónica
vida.

Pronto en el aire permanecerá ese silencioso
callar, ese reflejo... que recubre (recorre),
la ausencia, inerte.

No busques respuestas ahora; no
supiste donde encontrarme.

Ausencia inerte

23-04-2015

Vientos y aires provienen de lo lejos...
recorren llanuras; praderas y bosques
anunciando el trémulo final.
Como hora que llegará a su
final; pasivamente al momento
señalado. Como la flor inerte;
que yace marchita.

Deprimidas, ahora caen las noches en
un velo estrellado... y carente de vida.
De lógica, de sentido. Donde quizás
sobre; el aire para respirar, y abunde
el vacío. (Como, sobriedad).

Sobrias las palabras; que
marchan por el viento...
sobrias las palabras.

Mínima ausencia

12-09-2015

Latitudes y escombros...
forman la coraza insípida de mi existir.
Como un reflejo; a veces pregunto;

- ¿Qué es lo que has visto en mi?

   Solo tengo sueños e ideas que se
   desvanecen con el paso del tiempo,
   solo tengo una vida miserable…
   y no es un lecho de rosas.

- ¿En qué he estado pensando? - Solo mírame...

El mismo idiota de antes,
encerrado en su mundo inconcluso,
encerrado, y perdido como un
suspiro sin un lugar a donde ir.
Sin un recuerdo en que pensar,
sin una lágrima a quien llorar.

Solo vivo encerrado en este delirio,
   en esta ausencia. Creyendo que
   algún día - podrá ser por lo
   menos alguien importante.
   Creyendo, que aun en la
   más mínima memoria,
   olvidada, podré
   encontrarte.

Disnea

24-09-2015

No es fácil, fingir el temor. Ahogarse paulatinamente; entre recuerdos y lágrimas de sal. Volcar la realidad en un sentido ambiguo, hueco - deformando lo simple, lo común; en algo oscuro y profundo; en algo bello y fúnebre.

Agonías; ahora me acompañan... desgarrando deliberadamente; lo que queda de vida, lo que sobra, lo que no existe. Asfixia; hasta más no poder todo a su paso, marginando el poco esplendor que emerge de la nada, el poco brillo; que brota o que puede observarse a lo lejos. La poca respiración que un alma puede inhalar, la poca alegría; que se puede recordar.

La crónica Condena

09-29-2015

Te extraño; cada instante que pasa se vuelve
eterno, puedo estar en otros lugares, pero
siempre estás ahí.

En medio de todo, en la calle,
en el aire, en el silbido del viento…
Os pienso en cada momento – amor.
Te busco; pero no te encuentro.

Esperare a cumplir mi promesa,
para estar hasta viejitos juntos.
Aunque; ahora... espere solo.
Quizás ya me hayas olvidado,
Quizás ya no me recuerdes, ni me
Determines. Lo que tenga que
esperar lo haré por ti.

Hubo una vez: una chica hermosa, carismática y
sonriente al cual le entregue mi amor, en dos
ocasiones. Sin embargo, por cuestiones de la vida,
malas decisiones o desconfianza, la relación se
deterioró. Ella hizo lo posible para aclarar y arreglar
las cosas... y fue así, tanto él y ella - volvieron a estar
bien. Ahora la historia se divide nuevamente y es el
quien quiere aclarar las cosas. Pero... no obtuvo la
misma recepción, el desesperado... no sabe qué hacer.
Busca y trata, pero no es escuchado. Ahora escribe
esto para verse a sí mismo como un hombre... que
pierde el amor, por segunda vez.

Argucia

05-10-2015

Vi un rostro sonreír, vi una mirada cautivada…
el cual brillo despoja ese cruces de miradas
¡ Claro ! - ahora gustas de otra persona.

Pretendes ocultar ese sentimiento oculto
y no te percatas que estoy a tu lado,
aun así piensas que no me dé cuenta que lo miras
pues lo siento; ¿ Amor ?...   Se nota.

Podrán ser eróticas fantasías que te doblegan
o el gusto de ese que tiene un buen cuerpo,
ahora que estás viendo que descubro tu mentira
me dices que me quieres, que me adoras.

Comentas que dispones de estar confundida
y dices que me quieres simplemente como amigo,
que por el momento deseas estar a solas
para así cumplir con tu cometido.

Realmente dejo a un lado estos sentimientos
que embargan mi pecho y ciegan mi alma,
tu pronto ya has tomado una firme decisión
y aun crees que estaré ahí esperando tu llegada.

Andad para siempre entre sobrios recuerdos
y llevad contigo tus falsas palabras,
herido en el alma y adverso al velo
dejas muy claro… tu ida, tu marcha.

Como un drogadicto que se inyecta junto
a su pareja, creen escapar de la realidad.
Pero esta siempre se mostrará sobria y ajena
porque la verdad; siempre se sabrá.

**Todo; está confuso
como antes.**

Espesuras

14-10-2015

Sabes; ha empezado a llover y débiles gotas caen y humedecen el insondable recuerdo, a veces; siento escuchar tu voz proveniente del viento… como un silbido, como un susurro. que va y recorre lejanías, espesuras, que de una u otra forma; amargan mi desdén.

Como lienzos - que encienden la abstracción en partículas por el viento. El aire esplende hermosura, en un suspirar. Delinea los versos en algo tan mágico y carente de lógica. En algo profundo y sombrío, que ahora olvidamos sonreír. La vida; acaricia el estado más puro y angustioso de este poeta, lo pone de rodillas ante la inmensa ausencia que desborda un marchar. Doblega sus miedos y hiere sus sentimientos, ahoga sus penas y su alma llevándolo a la deriva; llevándolo a una inmensa locura. Que cierne sobre la nada, preguntas y respuestas.

Cada segundo, cada minuto... cada latido que aun mi corazón pueda ejercer. Lo hará por ti. Buscará respirar un último aire en medio del caos, hallará la respuesta que tanto deseas. Y que ahora nos separa; para nunca más volver.

Nuestra Alusión

22-10-2015

Perdón… por todo. Quizás no hice las cosas bien. Quizás no te busque antes, por miedo, por orgullo (no lo sé) - No sabes cuantas noches en vela me preguntaba, ¿Que estarás haciendo? ¿Qué es de tu vida? - Y recuerdo todos esos momentos que me decías te quiero. Jamás podré olvidar aquella tarde en la playa. No había nadie quien se opusiera, solo nosotros estábamos allí, inmerso en algo tan profundo, tan mágico; que todo lo demás, sobraba.

Ahora; que ha transcurrido el tiempo. Me pregunto - ¿Qué paso? - a veces me digo; no te amé tanto, fui un idiota… y me lo digo cada día. En medio de tantas personas que pude conocer, aun tu ausencia permanece impregnada en lo frágil del viento. Aun se siente; como rocíos y delirios. Por extraño que parezca; no me permití olvidarte, nunca lo hice. Quizás por las circunstancias nos alejamos. Pero mira; estoy aquí… hablándote, regrese, regrese (amada mía), para no dejarte ir. Regrese; aunque ahora solo sea, un vil recuerdo.

Vanas razones

18 - 10 - 2015

Vanas razones; se escuchan de tus labios.
Hieren como un frío silencioso; en su
débil callar. Embarga las penas; en un
sinsentido absurdo. En una ilusión
hueca; que destine lo más puro.

Dime... ¿Qué ocultas? - en esa
miradas que guardan secretos,
En esos labios de dulce
carmín; que ahora,
fingen amar.

Aislado; como un desconocido; me tienes (siento),
me apartas de una realidad adversa, ajena… al
cambio, a la nada. Remediando palabra alguna;
solo sonríes y te marchas. Como si nunca hubiese
sucedido nada, Como si las cosas pareciesen
fáciles Creándolo todo; nuevamente desde
cero.

Me tiras y me levantas, me arrojas; me desechas,
Aquí: te conocí... y te vi marchar. Hoy que te
reencuentro, vuelves y te vas. No siempre
supe entender tu bella sonrisa. Y ahora
me dices que solo el tiempo dirá.

Aquí pude conocerte y saber más de ti,
Aquí quedan los recuerdos…
Que vuelven a fingir.

Como ira y abandono
11-07-2015

A veces; siento que ya no te enojas, o que tampoco (te) importa, lo has hecho saber. Es imposible no sentir indiferencia, o un desapego a las cosas. El frio se siente; y la distancia también. Quizás me mal interpretes; no te juzgo… Ahora la ausencia lo es todo. Y eso; que he estado a tu lado.

Tu ida, tu marcha... es indeleble, es como un recorrido sin fin; que apacigua el silencio, y desgarra la nada. Desdobla los sentidos en una incoherencia; en una frágil locura. Que vela efímeramente, ahogos y suspiros; como si algo - nunca hubiese cambiado.

De todas las maneras que
pueda entender, aun;
busco una razón.

A veces; los hombres no buscamos
quedarnos en un corazón en
particular. Si no que también
nos vean y quieran, más
allá de él.

Consumación

15-11-2015

Yo. Que (le) brinde a la mujer perfecta para mí,
Lo más preciado de mi ser, lo más honesto, lo
más sincero.

Le entregue mi alma; en sus manos,
le entregue mis sueños y ambiciones,
le otorgue mis metas y aquellos
anhelos, que deseaba forjar a su
lado, le conté de mis miedos…
y mis pocas alegrías.

¿Y todo esto para qué?
¿Para qué me lastimaras?
¿Para qué me desecharas como
uno más que paso por tu
camino?

¿Para qué? - Respóndeme…
Mírame a los ojos; y decidme que es una mentira,
mírame, y observa como la nada nos consume,
como tu indiferencia me aparta,
como la ausencia; se multiplica.

Después de esto, ya nada
en mi… será igual.

Sobras y Arena
12-06-2015

Puede que mis palabras ahora pierdan sentido,
no hay excusas baratas por el cual; hable de ello.
Solitarias, las horas marchan como vanos
recuerdos, alusiones… fingiendo un
regreso. Fingiendo un volver; como
pequeñas esquirlas de una memoria
ya extenuada, marchita, cansada.

Temo al verte, entre (mis) lágrimas y sufrimientos,
que parecieses un reflejo desnudo ante tanta
agonía. Parecieses un espejismo inerte, allí;
en medio de tanto dolor, de tanto deceso,
de tanta insolencia; vigilia, soledad.
(Ahora la ausencia lo es todo, como
lo es la nada).

Las noches llegan; ahora frágilmente calladas y
tímidas ante tanto vacío sin sentido. Vienen
heridas de un existir caótico, de un sueño
hecho pesadilla… Donde las sobras
como un montón de arena se van
acumulando; absurdamente con
el tiempo.

Hoy los días transcurren en su débil marcha.
Alejando el mínimo recuerdo que queda.
Luceros y mil versos ahora nos separan.
Y sin brillo, y sin aire, y sin tu amor…
temo vivir.

(Frívolo) - Lioso amor
11-12-2015

Por más que he evitado tu marcha, tu ida.
  Todo ha sido en vano…
  Mis esfuerzos quedan en el aire, en la nada.
  Se disuelven frágilmente con el viento,
  se borran, se olvidan... como un pasado lejano.
  Como una simple; e inocente promesa,
  que ahora no se cumplirá.

Ahora no sabrás que decirme; incluso... Me dirás
  que tus actos son sinónimos de una exaltación,
  de una ira. Quizás me dirás que ahora dudas
  de tu amor, y que aun sigues confusa. En
  un mar de ilusiones donde navegas a la
  deriva; a la merced de la nada. En un
  rumbo a ciegas, crédulo - y sin amor.

¡ Dime ! - qué hago en medio de este juego…
  De esta ironía, que colma y despedaza mis
  sueños, mi alma... en sufrimiento eterno.
  En un dolor sobrio y hueco - que asfixia
  mis lágrimas, y a mi pecho le quita el aire.

¡ Dime ! - qué quieres que haga este hombre…
Si dar un paso... o retroceder, Si ir más allá de
lo desconocido y no bajarte las estrellas. Si
buscarte en medio de la nada o cesar en mi
empeño. Si luchar por tu amor, o dejarte ir.

Dime, realmente
¿Qué quieres?

Axioma

01-01-2016

No sabré más nada; de tu esquiva promesa…
no hay razón la cual mis pensamientos
añoren de ti.

La tristeza invade mi cuerpo, penetra en mi
alma dislocando lo absurdo en algo creíble,
en algo simple que ahora pequeñas migajas
de un espacio tenor. Moldean lo lógico y lo
desconocido.

Conjeturas sin previo aviso, embargan la nada.
Insinúan a la duda en un mar desconcertante,
que carece de réplica o conclusión. Dejan
muy en claro las acciones por concernir.
Entre razonar hipotéticamente… O
seguir jugando al amor; cuando en
verdad nos hacemos falta - y nos
echamos de menos.

¿Mentiroso yo? - claro, siempre hay excusas,
ahora mi mundo es un eco insondable. No
siempre las cosas resultan ser lo que
parecen, a veces… solo suelen
pasar.

Ahora ignoras mis palabras…
pero después las echarás de
menos.

Sin vida y sin amor

1-5-2016

Llueven rosas en esta tarde tan ligera. Sus pétalos caen inertes despoblados y sin vida alguna sobre el asfalto en el que recorre la (tu) marcha. El viento agita los árboles como acariciándolos, calma sus penas; tratando de apaciguar su existencia, su soledad. Los estremece en un frágil regazo. Reavivando en la nada una ausencia, un vacío... el cual ha estado allí - esperando, un poco de luz.

Pocas personas deambulan por este sendero, que a lo lejos pueden oírse vagas palabras perdiéndose; en un sin fin sin sentido, perdiéndose en la calma. Que pareciese enfurecerse; y agitar los sentidos; hasta corromperlos.

Podría describir; este profundo dolor que me embarga. O ahogarme en él. Y esperar que mi cuerpo se descomponga, o se mezcle con la nada. El silencio se adhiere como un frio (espeso) de este lado; que parece que la muerte asfixia y deja hueca el alma, sin vida y sin amor.

Negarlo todo ahora es una opción, sin embargo, lo mejor... es creerlo. No dudo de mi amor
Temo por el tuyo.

Lluvia gris
1-10-2016

Llueve, como nunca ha llovido. El cielo se desploma y se desvanece; a simple vista. Se deshace en húmedas fracciones, en pequeñas partículas que abordan pureza, misterio y soledad. (Abordan locura) - Matices grises y siluetas deformes en un marco artístico, abstracto... llegan como una especie de manto denso, como una fisura. Que rocían las almas una tras una; en una especie de silencio y muerte.

Todo ahora permanece (turbio) caótico... confuso sin un remedio y aclaraciones. Es un caos progresivo... hueco; que deforma toda existencia, todo sentido, toda lógica… vale la pena seguir intentando, odiar el amor.

Alegoría
01-15-2016

Otra vez; me observo en un reflejo…
En una percepción desenfocada,
senil - con un aspecto efigie y
abstracto.

Mis rasgos, pareciesen cual modo de un grabado,
fotografía o una estampa, que demuestran vejez
o antigüedad - en un estado impuro e ilógico.
Quizás figure como una metáfora, (alegoría),
una copia mal lograda de una
Persona desconocida; en
algún lugar.

Quizás sea simplemente un concepto erróneo, una
frase mal lograda o un mal cálculo (matemático),
cuya representación, idea y sentido… Es un
sinónimo incoherente, en donde no
habita; la realidad.

Que basto ha sido; esta ingenua imagen,
simple y lúgubre con tonos grises
en una escala opaca, y sin vida.

Qué triste, es vivir en el misterio de una
presunción caótica, minuciosa. De un
recuerdo, de un anhelo, de un suspiro...
que por dentro va cavando; nuestras
penas inciertas.

Ilógico

20-01-2016

Pronto, no quedara más nada que decir. Mas nada en que pensar, o algo que fingir. Días tras día nos alejamos más, nos sumergimos (sumergir) en una incomprensible ausencia, estía. Nos aferramos a ella, a la nada. Como único aire y salida, como único consuelo que queda; en un sin fin ilógico, adverso, y mediocre.

Soberbios los días; que opacan la calman y nublan mis ojos, que triste este sendero en el cual ando en busca de tus pasos, (tus recuerdos) se oyen galopar; en un pasado lejano, en una imagen, borrosa, difusa - como frágiles gotas que disuelven el tiempo y humedecen la distancia, humedecen el vacío... que ahora brota lágrimas y dolor. Silencio... por volver a escuchar, por volver a sentir… un poco de tu amor.

No hay razón, la cual mis pensamientos
¿Añoren de ti?

Cuanto más tendré que recorrer, y ver
que el amor en estos días es una
franca e ingenua promesa.

Suplicio

20-01-2016

Ya casi; se acerca el final, trae consigo
dolores, miedos, silencio. Asfixia las
lágrimas; e inhala el aire que aún
queda, que aun respiro, cubre de
ira y temor; aquel verso, aquel
recuerdo, aquel ayer donde
ahora mi mundo es un
eco; de dolor.

Esta estancia... permanece vacía, casi ni
se llega a escuchar - alguna voz. Se oyen
ruidos a lo lejos, como voces, gritos,
llantos… Que intentan persuadirme
de una realidad ajena, de una verdad.
Pero cesen en su empeño; cuando
estas de alguna manera, dejan de
escucharse.

¿Me recuerdas? - Solías amarme. Pero
ahora pienso que tu amor ya no importa.
Quizás me busques ocultándolo todo,
ignorando que se la verdad. Ignorando
mis palabras o echándolas de menos.
Donde nuestros pasos seguirán siendo
los mismos, lo que esperamos – cuando
el amor en estos días, en estos tiempos.
es una franca; e ingenua promesa.

De pronto te recuerde;
y olvide a la vez.

Individuo

1-21-2016

Puede que la ignorancia ahora; ciegue mis ojos. Envenené mi alma recubriendo cada rincón, desolado. Fructuosos anhelos; proceden en inferirme. Señalarme sin ninguna duda ante las circunstancias, que perturban mis pensamientos. Trastornan, mi realidad. Y alteran mis acciones - en un querer exaltado, propicio a errores. En un recuerdo maldito que poco a poco va (desgarrando, agravando) - las penas. En un lecho de muerte.

No es el rencor o el odio; lo que embarga mi pecho... es el dolor lo que me consume. Asfixia mis ansias. Y como un individuo anodino, le hiere de gravedad.

Velar tu ausencia ahora es un angustioso remedio
Y mi única salida.

Intriga
24-01-2016

Siempre me has acompañado. Orientando mis ilógicas e incomprensibles penas (errores). Tu serenidad me tranquiliza - me acoge frágilmente en su seno maternal. Me a cobija - entre su pecho; y me transporta hacia momentos imprecisos, hechos o imágenes que deslumbran la innata realidad. Hechos que ahora; hieren como la muerte.

Ver en tus ojos la reminiscencia, es deleitar lo desconocido y adentrarse cada vez más profundo; a lo incierto. Es una ida y venida... entre el cielo y el infierno, un naufragar en un débil sentido - un caos hermoso perturbado; un sufrimiento abstracto... percibido.

Cual modo sea esta
locura; fiel y sin
razón.

Almas Separadas
01-02-2016

Yo - no sé qué es el amor. Desconozco su significado o su entendimiento. No sé qué es amar correctamente, solo he aprendido de la distancia y de mis errores. Entendí; que un abrazo puede unir almas distantes, y que el tiempo mismo. Al igual las separa. Quizás he sido un ingenuo, ante todo - sin embargo, de algo estoy seguro... de ti.

Podrás no contestar y hacer ver que nunca leísteis este mensaje… lo entenderé. O al termino borrarme de una vez por todas de tu vida - Contigo ese significado logró conllevar aun sentido alguno. Tal vez ahora es demasiado tarde. Y por más que pude hacer, no supe esperar, no supe comprender.

No hay mañana en la cual extrañe tu ausencia, busco desesperado algún recuerdo vivo que te traiga de regreso. Finjo no escuchar tu voz... tu nombre. cuando deambulo por las calles; sin rumbo fijo - y el bullicio o la algarabía en el alrededor; pareciese que hablaran de ti.

Podré ser anticuado, diferente, extraño o raro. Podré cometer errores una y otra vez - de toda índole. Pero se; que es amar de verdad.

Vela mi ausencia como tu
angustioso remedio, y
tu única salida.

Anónimo

01-11-2016

Sé que debo incomodar; en decirte
cosas o dirigirte la palabra. Quizás
ahora me ignores… o quizás no.
Quizás ya me haigas olvidado,
como a un recuerdo; lo
entenderé.

Sé que vas a estar bien, porque así tiene que ser.
No eres una mala persona… No importa si no
me contestas, o no llames, no hay problema.
Estas en (todo) tu derecho.

Yo estoy recuperándome de este dolor,
de este sufrimiento, pero sigo aquí…
esperando, convaleciente En medio
de la nada, o en medio de todo. No
vine a criticar, ni hablar de lo que paso, no,
no vine hablar de eso.

Vine a decirte; que vas a contar siempre
conmigo, cuando quieras hablar, o
necesites alguna ayuda, vine a
decirte; que siempre estaré ahí.

Como tu sombra, y
recuerdo (reflejo).

En la distancia
13-2-2016

¿Escuchas? - O realmente… ya no te importo.
   Pocas veces me determinas, hasta el punto
   de fingir; que no lo haces. Algunas
   ocasiones, sabes que estoy allí, pero
   prefieres ignorar. Aunque se escape
   una mirada; prefieres ahora aislarte
   y marchar a la deriva. Que vencer
   el orgullo; cual nos separa en
   la distancia.

Muchas veces; te he escrito…
   Sin resultado alguno, no sé - lo que aun espero.
   Quizás leas mis mensajes,
   quizás ni cuenta te darás,
   solo deambulas y vives en tu mundo;
   apartada; de toda existencia, ajena.

Como saber a ciencia cierta - de donde provienes,
cual brillo despojas
   Como una estrella fugaz en este basto universo.
   Solo vienes y vas de un lugar a otro,
   dejando tras tu paso... una estela de
   misterio frío y soledad.

Ahora soy completamente un desconocido,
alguien en el cual has dejado de conocer,
(extrañar). Y así; como si nada como
una palabra perdida en el viento.

Lo nuestro, solo ha sido...
una ilusión, una promesa...
tan inocente, tan ingenua.

No hay peor soledad,
ni mayor sufrimiento…
que sentir ese amor
fingido.

Culpables
2-20-2016

Qué puedes decirme, si ya casi todo está acabado.
Aguardas muchas verdades ocultando lo incierto,
lo íntegro. Callas nada más - simplemente. Dejas
que el tiempo y la distancia alejen; nuestros
besos, nuestras almas. Esperando – que
cada cual elija su camino.

Desde hace poco tiempo has decidido rehacer
tu vida, dejar atrás las ataduras que embargan
en lágrimas el angustioso recuerdo.

Has tomado la determinación de marchar, de dejar
todo aun lado. Y hacer ver que nunca pasaron las
cosas, hacer ver que nunca nos conocimos,
(amamos), cuando en el fondo sabemos;
que queremos estar el uno con el otro.

Por qué marchas calladamente - si somos tan
culpables, como inocentes en esta indiferencia
que nos consume y aleja. Somos tan pecadores,
de cada error, de cada acto - que hemos
olvidado los verdaderos motivos, que
ahora podrían... mantenernos juntos.

Todo seguirá su curso, todo irá
quedando en el pasado, como
algo vil y fugaz. Todo - será
como antes.

Inexistente
27-2-2016

¿No hay sueños por cumplir?

Todo está turbio en este día; gris y sin sentido…
Todo parece acabado, simple. Que no hay
motivos ni razón; por el cual expresar un
pensamiento, no hay excusas, solo
sufrimientos que destellan este
ahogar; como inspiración.

Quizás ahora; no haya circunstancias que ameriten
recordar, quizás todo sea un recuerdo, un sueño. Un
andar a ciegas donde tropezamos antes de caernos en
un abismo tan profundo, en un abismo tan hueco -
que estando en esa estancia; erguida por la gravedad
(*como Alicia en el país de las maravillas*) - en una
caída - que pareciese infinita (*en el espacio-tiempo*) -
solo; esperamos despertar.

Henos aquí; perdidos en un tiempo inexistente,
henos aquí aferrados a una simple ilusión, a una
única salida. Que poco a poco, lentamente
Nos (*aleja*) distancia, del amor.

Negarlo todo es una opción,
pero lo mejor de todo…
es creértelo.

Una Bella Navidad

Ha amanecido desde hace pocas horas, que los fríos aires de la madrugada han acariciado cada una de las rosas que te he estado guardando, ellas que pareciesen sensibles y rígidas; se han tornado marchitas esta mañana que sus inertes pétalos se han esparcido por toda la oscura habitación. Algunas siguen bellas y tímidas como de costumbre, algunas permanecen allí esperando una estrella del cielo, algunas siguen brotando con una inmensa alegría, algunas simplemente; vuelven a la vida.

Mi nombre es Andrew - y hoy... es el décimo primer día de la víspera de navidad, tengo solo ocho años y les he pedido a mis padres para la noche buena; un muñeco de madera. Cuando......... ¡Andrew, despierta¡ - ya hemos llegado a la casa de tus abuelos, menciona mi señora madre despertándome con el brazo derecho, andad chiquitín tus abuelos han de esperarte ansiosamente, recuerda que después de las vacaciones vendremos por ti; pórtate bien ya sabéis que os quiero mucho, termina de decir mi señora madre estrechándome profundamente entre sus abrazos. Al poder bajarme del vehículo; aun el cielo nublado desprendía su blanca ternura en pequeños cubos de nieve, las altas montañas a lo lejos parecían desvanecerse en el viento; que a si mi señora madre con pocas palabras y muchos cariños, me decíase adiós.

Ella, cuyo nombre es Leonor, tuvo que partir inmediatamente por motivos de trabajo en el extranjero, y no hubo de otra; si no más que dejarme a la merced y cuidados de mis humildes abuelos, que vivían a las afueras de la ciudad.

Apenas logre llegar a la casa, ellos al verme se abalanzaron a mí con muchos abrazos y caricias, en sus lágrimas se reflejaba tan inmensa alegría; que después de un momento de silencio todo fue especial y armonioso. Ese mismo día, me hicieron muchas preguntas que al llegar la noche fueron muy amables y cordiales, prepararon mi alcoba con mucha delicadeza; haciendo ver que no me faltase nada que antes de cenar para acostarnos, me dieron las bendiciones.

A la mañana siguiente, desperté confundido; como si todo fuese una especie de sueño, mi mirada en ese instante recorría el firmamento; en busca de hallar aquellas montañas que pareciesen tocar como una rosa lo más alto del cielo, sin embargo, me encamine afuera de la alcoba para arribar al costurero de mi abuela; que suele hallarse en la parte trasera del comedor.

A pocos metros de llegar, mi abuela aun tejiendo en una pequeña mecedora, me ve y dice, ¿Cómo ha amanecido mi nieto preferido esta mañana?, muy bien abuela y usted, un poco preocupada, respondí atentamente - ¿ha pasado algo abuela? - no mijo; es tu abuelo que se ha encaminado esta mañana a la gran ciudad, pero no te preocupes; ya sabéis que esos viajes duran un par de días y pronto el abuelo estará con nosotros en menos de lo que canta un gallo. Mientras tanto, preparare el desayuno, pero tu chiquitín podéis distraerte por allí, esta mañana he visto niños del vecindario jugando cerca a la casa, ¿Porque no vas a echar un vistazo?

Yo, intrigado por las palabras de mi abuela; decidí encaminarme afuera de la casa donde la nieve aun caía frágilmente del cielo. Afuera; se vean niños por doquier divirtiéndose alegremente, sin embargo, esa misma mañana; no opte por aquella diversión, preferí sentarme al lado de un árbol en donde podía observar cómo decaía la blanca ternura del firmamento. Pero curiosamente, una pequeña niña de cabellos dorados y con una sonrisa de ángel, se me acerca y me pregunta, ¿Tú debes ser Andrew verdad? ...... si respondí extrañamente observándola, así que tú eres nieto de los Oz; he oído mucho sobre ti. Intrigado por las palabras de la niña mencione ¿Nos conocemos de algún lado?... No dijo ella, pero soy tu vecina de al lado mucho gusto en conocerte; mi nombre es Rose.

Y a partir de ese momento, comenzó a nacer una especie de alegría dentro de mi corazón, era aquello mágico y humilde que me apartaba de la realidad, era aquella chispa que provenía de lo más lejano del cielo, era aquello que todos conocemos como un manto tierno y dulce, era los inicios cordiales; de una hermosa amistad.

Diecinueve días después de haberla conocido, mi abuelo ya habíase llegado de viaje antes de que celebráramos la noche buena, los padres de Rose y ella; se encontraban a gusto ya que fueron invitados a cenar ese mismo día. Y en el preciso momento en que sonaron las campanas para anunciar el nuevo año, llaman a la puerta................. Yo apresurado me dirijo abrirla - Y allí estaban. Eran mis padres o al menos eso parecía, mis dulces padres; que después de haberse ausentado un tiempo; llegaban como una estrella emergente de los cielos. Ellos al verme inmediatamente se abalanzaron a mí con muchas caricias y ternuras; que, para ese momento de encuentro, nuestros corazones desprendían lagrimas como de una fuente inagotable. Fue en ese momento que los extrañe, y como una imagen o fotografía que se desvanece en la oscuridad - ya no estaban. Me vinieron recuerdos tras recuerdos en medio de personas, abrazos, sonrisas y alegrías. Cuanto los echo de menos en estas fechas en la cual siempre celebrábamos la bella navidad. Sé que donde quieran que estén me protegen - y aun sin habernos dado cuenta, fuimos una gran familia. Aunque estén muertos; en el presente.

¿ Me recuerdas ? - Solías
amarme.

**Yo esperaré… el
milagro.**